...ITÉ DE PATRONAGE DES HABITATIONS A BON MARCHÉ
ET DE LA PRÉVOYANCE SOCIALE DE LA GIRONDE

LOI RIBOT

(10 AVRIL 1908)

———⚹———

COMPTE RENDU

de la réunion du 11 septembre 1908
tenue dans la salle du Conseil général de la Gironde

SOUS LA

Présidence de Monsieur le Sénateur MONIS

PRÉSIDENT DU CONSEIL GÉNÉRAL

sur l'initiative du Comité de Patronage des Habitations à bon marché
et de la Prévoyance sociale.

———

QUELQUES DOCUMENTS

sur l'application de la Loi du 10 Avril 1908 relative à la Petite Propriété
et aux Maisons à bon marché.

—

Société de Crédit immobilier à créer. — Législation.

1908
Imprimerie de l'Avenir de la Mutualité

♣

COMITÉ DE PATRONAGE DES HABITATIONS A BON MARCHÉ
ET DE LA PRÉVOYANCE SOCIALE DE LA GIRONDE

LOI RIBOT

(10 AVRIL 1908)

COMPTE RENDU

de la réunion du 11 septembre 1908
tenue dans la salle du Conseil général de la Gironde

SOUS LA

Présidence de Monsieur le Sénateur MONIS

PRÉSIDENT DU CONSEIL GÉNÉRAL

sur l'initiative du Comité de Patronage des Habitations à bon marché
et de la Prévoyance sociale.

QUELQUES DOCUMENTS

sur l'application de la Loi du 10 Avril 1908 relative à la Petite Propriété
et aux Maisons à bon marché.

—

Société de Crédit immobilier à créer. — Législation.

1908

Imprimerie de l'*Avenir de la Mutualité*

Table des Matières

⁕⁕

Convocation.

Bordeaux, le 9 septembre 1908.

Monsieur,

Nous avons l'honneur de vous inviter à assister à une réunion qui aura lieu vendredi 11 septembre, dans la grande salle du Conseil général, à 2 heures précises de l'après-midi, sous la présidence de M. le sénateur Monis, président du Conseil général de la Gironde.

Cette réunion, dont nous avons pris l'initiative, avec le concours de la Société bordelaise des Habitations à bon marché, a pour but de préparer l'application de la loi du 10 avril 1908 (loi Ribot) sur la petite propriété (jardins et champs n'excédant pas 1 hectare et petites maisons rurales).

Le département du Pas-de-Calais a organisé récemment, sur l'initiative de M. Ribot, une réunion comme celle à laquelle nous vous convions; il nous serait agréable que le département de la Gironde s'associât à son tour, au plus tôt, à l'exécution d'une loi sociale dont les effets peuvent être si bienfaisants pour les campagnes.

Veuillez agréer, Monsieur, l'assurance de nos sentiments les plus dévoués.

Les Membres du Comité :

Charles CAZALET, *président;*

F. MAROT, *vice-président;*

Anselme LÉON, *secrétaire général ;*

Commandant GRANDJEAN, *trésorier ;*

CAYREL, Charles GRUET, TOUZIN, CLAVEL, docteur LANDE, VEYSSIÈRE, DUPEUX, De LUR-SALUCES.

P. S. — La séance du Conseil général devant avoir lieu, suivant l'usage, à 3 heures, il importe de terminer la réunion assez à temps, et par conséquent d'être exact pour la commencer.

LOI RIBOT

COMPTE RENDU

DE LA

Réunion du 11 Septembre 1908.

Réunion à la Préfecture.

Sur la convocation du Comité de patronage des Habitations à
bon marché et de la Prévoyance sociale, une réunion a eu lieu à
Bordeaux, vendredi 11 septembre 1908, à 2 heures, dans la salle
des séances du Conseil général de la Gironde.

M. le sénateur Monis, président du Conseil général, qui avait
accepté de présider cette réunion, ouvre la séance en ces termes :

« MESSIEURS,

« Je donnerai sans ambages la parole à l'éminent concitoyen
qui va nous entretenir des bienfaits qui peuvent être retirés de la
loi du 10 avril 1908. Je n'ai en effet à vous présenter ni l'orateur ni
le sujet ; mais je veux, au nom du Conseil général de la Gironde,
qui est fier de vous recevoir, adresser le salut qui est dû à
M. Cazalet.

« M. Cazalet, par son dévouement philanthropique, par l'ardeur
et la constance de son apostolat, par sa ténacité à mener à bien
toutes les grandes œuvres auxquelles il s'attache — M. Cazalet a
conquis non seulement la notoriété, mais la reconnaissance et l'es-
time publiques dans ce département. Nul dans le Conseil général
n'est étonné de m'entendre le proclamer, et c'est au nom de tous
mes collègues que je lui adresse notre salut et que je lui donne la
parole. » (Très bien, très bien, applaudissements.)

Conférence de M. Charles Cazalet.

« MESSIEURS,

« Je suis particulièrement touché des paroles aimables et vraiment trop flatteuses qui viennent d'être prononcées à mon endroit, et je vous demande la permission d'en remercier M. le sénateur Monis, président du Conseil général de la Gironde, très simplement, mais, par exemple, du fond du cœur.

« Je viens de prononcer les mots « très simplement », ce sera, si vous le voulez bien, la caractéristique de l'entretien que nous allons avoir ; car il ne s'agit pas de vous apporter ici une conférence pompeuse ; il s'agit tout simplement d'essayer de mettre en lumière, en relief les avantages, surtout pour les campagnes, de la loi du 10 avril 1908 — de cette loi que, dans un sentiment de reconnaissance légitime, on a appelé la loi Ribot, du nom de son principal inspirateur.

« Nous avons pensé, au Comité des Habitations à bon marché et de la Prévoyance sociale, que j'ai l'honneur de présider — et cela d'accord avec la Société bordelaise des Habitations à bon marché — que cette question était digne de vous être soumise. Nous avons engagé des pourparlers avec M. le Président du Conseil général et avec M. le Préfet de la Gironde, et nous avons trouvé tant de bonne grâce et tant d'empressement auprès d'eux que, en quelques heures, pour ainsi dire, cette réunion a pu être organisée.

« Je considère comme un devoir, au nom de vous tous, Messieurs, et en particulier au nom de mes collègues du Comité de patronage des Habitations à bon marché et de la Prévoyance sociale, d'adresser à M. Monis et à M. Duréault l'expression de notre reconnaissance émue. *(Très bien ! très bien !)*

« Avant de vous parler de la loi du 12 avril 1908, il me paraît indispensable de retenir quelques minutes votre attention sur deux lois qui l'ont précédée. La première en date est la loi Siegfried, du 30 novembre 1894 ; la seconde, la loi Strauss, du 12 avril 1906.

« Avant le vote de ces lois, bien peu avait été fait en ce qui concerne l'Œuvre du Logement populaire qui est relativement récente. Il n'y a pas, disent, en effet, les meilleurs auteurs, plus de soixante ans qu'on s'en préoccupe. C'est à Kœchlin et à

Dollfus qu'il faut faire remonter le mérite de s'être occupés les premiers de cette importante question.

« La formule adoptée en 1850 n'aurait de nos jours aucun succès. C'était la formule de la cité ouvrière, ne comprenant absolument que des logements ouvriers dans une espèce de parc.

« On était marqué au front quand on y entrait. Ces cités, qui eurent à leur apparition un grand succès, sont aujourd'hui délaissées. On a reconnu la nécessité de rechercher une autre formule, et celle qu'on a trouvée aujourd'hui paraît donner toute satisfaction.

« En 1871, c'est M. Siegfried qui, au Havre, crée l'OEuvre havraise des Habitations à bon marché. Quelques années après, à Lyon, MM. Aynard, Gillet et Mangini, créent une œuvre particulière : la maison collective.

« En 1889, à l'Exposition d'Economie sociale, on peut constater que cette question du logement avait fait un pas considérable. C'est alors que les trois hommes qui sont la gloire des Habitations ouvrières, MM. Siegfried, Picot et Cheysson, fondèrent la Société française des Habitations à bon marché, et préparèrent la loi qui fut votée le 30 novembre 1894.

« Avant de vous dire un mot de cette loi, permettez-moi, sans orgueil, mais avec une fierté légitime que ressentiront tous les Bordelais, de rappeler que la Société bordelaise des Habitations à bon marché, qui compte déjà cent trente maisons individuelles sur le territoire de Bordeaux, a montré qu'en cette matière, comme en beaucoup d'autres, l'initiative privée donne l'exemple aux pouvoirs publics, puisque sa fondation date de 1893, un an avant la discussion de la loi. *(Très bien, très bien.)*

« La loi de 1894, qui aujourd'hui serait regardée comme empreinte d'une grande timidité, fut considérée, à son apparition, comme une loi révolutionnaire.

« Je relisais, hier encore, certains articles parus à cette époque, et dans lesquels le principe de cette loi était attaqué avec une grande vivacité. C'est une des premières lois, sinon la première, qui ont brisé le principe de l'égalité devant l'impôt, en suspendant pour certains, pendant cinq ans, l'impôt foncier et l'impôt des portes et fenêtres... Depuis, on a fait certains progrès dans cet ordre d'idées. *(Sourires.)*

« Voici quels étaient les avantages de la loi de 1894 :

« Les maisons à bon marché, pour avoir le caractère que voulait leur donner la loi nouvelle, devaient être utilisées par des personnes vivant de leur salaire et n'étant propriétaires d'aucune autre demeure. C'était la création de Comités de patronage comme celui qui a pris l'initiative de la réunion d'aujourd'hui ; c'était l'immunité

fiscale pendant cinq années ; c'était la limitation du prix de revient
de la maison ; c'était l'autorisation pour les Caisses d'épargne et
pour la Caisse des dépôts et consignations de prêter de l'argent aux
OEuvres d'Habitations à bon marché.

« La loi imposait certaines formalités de transmission. Si le propriétaire d'une maison venait à mourir, on pouvait affecter sa
maison à sa veuve ou au fils aîné, moyennant une formalité très
simple, n'entraînant que 6 à 7 francs de frais, au lieu des droits de
mutation traditionnels de 8 à 9 %. Enfin, l'indivision était consacrée
par la loi jusqu'à la majorité de tous les enfants.

« Cette loi, dont on ne peut méconnaître le caractère pratique, a-
t-elle donné des résultats considérables ? Je crois qu'on peut
répondre affirmativement.

« Si ces résultats ne se sont pas traduits par des chiffres énormes,
il n'en est pas moins vrai que l'application de cette loi a exercé une
certaine pression sur l'opinion ; qu'elle a permis de franchir succes-
sivement diverses étapes dont je vais analyser rapidement les
effets.

« A l'heure actuelle, sur cinq cent cinquante Caisses d'épargne
qui fonctionnent en France, il y en a soixante-sept qui sont entrées
dans la voie que leur ouvrait la loi de 1894 et qui ont prêté des
capitaux, pas très considérables, c'est vrai, puisqu'ils ne s'élèvent
qu'à 7 millions, alors qu'en Belgique le montant des prêts des mêmes
institutions atteint 180 millions et qu'en Allemagne il dépasse
300 millions. Enfin, c'est un commencement, et nous pouvons con-
sidérer ce chiffre de 7 millions comme un résultat appréciable.

« Nous arrivons à la loi Strauss, du 12 avril 1906, qui est, pour
ainsi dire, la loi Siegfried élargie. Les premiers avantages obtenus
sont conservés avec une augmentation ou une amélioration. Le
premier de tous, c'est que l'immunité fiscale, au lieu d'être de
cinq ans, est étendue à douze années. C'est que le chiffre du prix
de revient de la maison est augmenté. Il était à Bordeaux de
8,800 francs, parce que la population de notre ville dépassait
200,000 habitants ; il est aujourd'hui, croyons-nous, de 9,240 francs.

« Puis les Caisses d'épargne ont été autorisées à s'intéresser
aux œuvres des Habitations à bon marché, en participant à leurs
émissions, non seulement d'obligations, mais d'actions. Enfin, on a
modifié la clause d'accession qui empêchait tout propriétaire d'une
maison quelconque de bénéficier des avantages de la loi nouvelle,
et l'on a adopté la formule de « personnes peu fortunées ».

« En effet, sous l'empire de la loi Siegfried, il était arrivé cette
chose étrange que le possesseur d'une masure perdue dans quelque
coin de France était, pour ce motif, exclu du bénéfice de la loi

dans la ville qu'il habitait. Enfin, — et c'est là une des plus grosses innovations, — on a imposé le certificat de salubrité de la maison ; il doit être donné par le Comité de patronage des Habitations à bon marché et de la Prévoyance sociale.

« Mais ce qui constitue l'innovation la plus importante de la loi, c'est qu'elle a autorisé les communes et les départements à garantir jusqu'à 3 %, pendant une période de dix ans, les dividendes des Sociétés d'Habitations à bon marché. La même loi a permis aux Caisses d'épargne — et les efforts des Bordelais n'ont pas été étrangers à l'adoption de cette disposition législative — de prêter des fonds aux Œuvres des Jardins ouvriers et des Bains-Douches.

« Je viens de parler du rôle des Caisses d'épargne, et je m'en voudrais de ne pas dire que la Caisse d'épargne de Bordeaux s'est montrée digne de figurer à l'avant-garde de la pensée du législateur ; c'est à elle, en effet, que revient l'honneur d'avoir, la première en France, interprétant la loi de 1906, prêté à l'Œuvre bordelaise des Bains-Douches des sommes importantes. Je prie Monsieur le Vice-Président de cette Caisse d'épargne, que j'aperçois dans l'assemblée, de vouloir bien accepter nos remerciements. (Applaudissements.)

« Nous arrivons à la loi Ribot (10 avril 1908), sur laquelle je vous demande la permission de retenir un peu plus longuement votre attention.

« Les deux lois précédentes ont-elles donné, en ce qui concerne l'Œuvre des Habitations à bon marché, de sérieux résultats ? Ce n'est pas douteux ; dans les villes du moins, où l'ouvrier gagnant un salaire assez élevé et l'employé ont pu bénéficier des dispositions de ces deux lois. On peut affirmer, à ce propos, qu'on est entré dans une voie féconde, en particulier à Bordeaux. Il suffit, pour s'en convaincre, d'observer les 130 locataires-acquéreurs de la Société bordelaise des Habitations à bon marché, qui constituent, on peut le dire, des familles d'élite.

« Depuis que nous nous occupons de cette œuvre, — mes collègues ne me démentiront pas sur ce sujet, — nous avons pu constater que ces familles possèdent, au premier chef, ces deux grandes qualités : l'ordre et l'économie. D'ailleurs, les familles qui ne sont pas économes ne sont pas des familles prévoyantes, et nos œuvres ne les intéressent pas.

« Je connais, pour ma part, beaucoup d'employés et d'ouvriers qui pourraient bénéficier des avantages qu'ont voulu leur réserver les pouvoirs publics et qui, pour ces œuvres, n'ont que froide indifférence ou lourde raillerie. Et cela pourquoi ? Parce qu'ils n'ont, à aucun degré, les dispositions nécessaires. Tel n'est pas le

***

cas de nos locataires-acquéreurs qui, je le répète, possèdent ces
précieuses qualités d'économie qui font notre admiration en même
temps que leur fortune et leur force sociale. *(Très bien ! très bien !)*

« Aussi, quand nos reçus sont présentés à l'encaissement ren-
trent-ils payés avec une très grande régularité ; parce que c'est la
convention qui, une fois établie, n'a plus à être discutée ni avec
le mari, ni avec la femme. Ce qu'il convient de remarquer dans
nos combinaisons, c'est l'association de la femme à l'homme. C'est
avec la femme qu'on est appelé à discuter la disposition du logement, la convenance des appartements ; elle joue donc, on peut
le dire, un rôle primordial dans ces œuvres.

« Je vous demande pardon, Messieurs, de m'être laissé entraîner
à vous entretenir aussi longuement des locataires de notre Société
bordelaise ; j'ai pensé que cet hommage public leur était bien dû.
(Très bien ! très bien !)

« Si la législation nouvelle a produit dans les grandes villes les
conséquences que je viens d'esquisser devant vous, on ne peut
nier, malheureusement, que dans les campagnes, la loi soit restée
lettre morte. Et dans chacune des réunions du Comité de patronage
des Habitations à bon marché et de la Prévoyance sociale, plusieurs
de nos collègues, en particulier les représentants du Conseil
général, MM. Marot, Dupeux, de Lur-Saluces et Vayssières, au
zèle desquels je suis heureux de rendre hommage, nous ont posé
cette question : « Mais ne pourrait-on rien faire pour les popula-
« tions de nos campagnes ? »

« Nous étions, je dois l'avouer, bien embarrassés pour leur
répondre.

« Mais, Messieurs, les choses se sont heureusement modifiées.
M. Ribot s'est préoccupé de cette lacune de la pensée législative ;
il s'est dit qu'il fallait faire quelque chose en faveur des classes
laborieuses des campagnes, dont on devait empêcher l'exode vers
les villes. Si les travailleurs désertent les campagnes pour affluer
vers les grands centres, s'est-il dit, c'est parce qu'ils sont malheureux chez eux ; c'est parce qu'on n'a pas encore trouvé le
moyen de les attacher à la terre. Si on pouvait leur permettre
d'acheter un petit morceau de champ, de bâtir une maison, sûre-
ment, étant donné l'attachement bien connu du paysan pour la
terre, on les retiendrait au pays natal.

De là, pour l'éminent député du Pas-de-Calais, à concevoir la
loi sur la petite propriété rurale, il n'y avait qu'un pas. J'ajoute
que la discussion de la loi relative aux retraites ouvrières a accé-
léré encore l'heureuse initiative de M. Ribot. Vous savez qu'à un
moment donné on avait discuté l'idée d'étendre les retraites
ouvrières aux travailleurs des champs.

« C'est alors que M. Ribot s'est dit que plutôt que de réserver exclusivement à l'ouvrier des champs, au soir de la vie, c'est-à-dire à cinquante-cinq ou soixante ans, les bénéfices du sentiment de fraternité qui se manifestait, il serait mieux de tâcher de l'aider au début de la vie, alors que l'homme est dans la plénitude de ses moyens, lorsqu'il a vingt ans, lorsqu'il va se marier, lorsqu'il a le courage d'avoir des enfants. *(Applaudissements.)*

« Tel a été le point de départ de la loi du 10 avril 1908. Cette loi met à la disposition de l'État 100 millions fournis par la Caisse des dépôts et consignations à 2 %. Elle spécifie qu'on pourra prêter aux ouvriers ruraux de quoi s'acheter un champ où bâtir une maison.

« Quelles seront les conditions du prêt de cet argent ? Elles seront de deux ou trois ordres : 1° il faudra que le bénéficiaire cultive son champ lui-même, qu'il ait à sa disposition le cinquième de la somme nécessaire pour l'achat du champ. On lui prêtera les quatre cinquièmes du prix d'achat pour lesquels on prendra une inscription hypothécaire sur le bien total ; 2° l'intéressé devra contracter, suivant les combinaisons établies par les lois précédentes, une assurance qui compense le risque des primes qui resteraient à payer au moment de son décès, si celui-ci survenait avant complète libération.

« Pour bien faire comprendre ce mécanisme, supposez un traité avec amortissement s'étendant sur une période de trente années. Si le bénéficiaire vient à mourir au bout de dix ans, la Caisse d'assurance à laquelle il se sera adressé se substituera alors à lui pour le paiement des annuités restant à courir, et le contrat primitif conservera sa solidité.

« 3° Le champ acheté ne devra pas dépasser la valeur de 1,200 francs, ni la contenance de 1 hectare ; 4° enfin, il faudra pour la maison le certificat de salubrité dont j'ai parlé tout à l'heure.

« Telles sont les diverses conditions à remplir. Grâce à cela, l'ouvrier des campagnes pourra posséder son petit champ, construire sa petite maison.

« N'y a-t-il pas eu déjà dans d'autres pays des lois de ce genre ? Si, en particulier en Irlande. Seulement, dans la tentative faite dans ce pays, l'État a commis une imprudence : il a oublié qu'il y a danger à prêter à des gens sans exiger d'eux qu'ils possèdent quelque chose. Il est advenu que ceux qui empruntaient, n'ayant rien, se sont désintéressés du prêt qu'on leur avait fait ; alors que s'ils avaient possédé quelque chose, ils auraient été plus vigilants pour conserver et défendre cette propriété. Les études ou les expériences pratiques que nous avons pu faire dans nos diverses œuvres bordelaises nous ont amené à cette conclusion : c'est que le meilleur moyen de garantir que toutes choses soient en bon ordre, c'est que celui qui en est le bénéficiaire y ait une part et un intérêt personnels. *(Très bien ! très bien !)*

« Quel sera le sort de cette loi du 10 avril 1908, dont je viens de vous tracer les grandes lignes ? J'ai, pour ma part, la conviction absolue qu'elle est appelée à produire des résultats considérables.

« Pour les faire entrer dans la pratique, la loi prévoit la constitution de Sociétés régionales de crédit immobilier. Ces Sociétés doivent être établies au capital maximum de 200,000 francs, dont le quart doit être obligatoirement versé.

« On conçoit sans peine que l'État ne peut pas directement prêter des fonds à des particuliers sur lesquels il faudra recueillir des renseignements d'ordres divers. Il y a là un rouage spécial que l'État a confié aux Sociétés régionales de crédit immobilier à qui est réservé l'honneur d'appliquer la loi Ribot.

« Nous avions fait ce rêve, Messieurs, — pourquoi le cacherais-je ? — que le département de la Gironde fût le premier département de France à appliquer la loi du 10 avril 1908. C'était un rêve bien légitime et justifié, je crois, par notre passé. Nous nous en étions entretenus plusieurs fois au sein de notre Comité, mais nous éprouvions certaines difficultés quant à la composition de la Commission d'organisation ; sur quelques points restés pour nous obscurs ou incertains, nous avions besoin de la lumière du règlement d'administration publique prévu par la loi. Nous ne pouvions qu'attendre sa publication. Or, ce règlement n'a paru au *Journal officiel* que le 26 août dernier.

« On comprendra que, dans ces conditions, nous ayons marqué le pas jusqu'à ce jour.

« Mais nous partirons bientôt du pied gauche avec l'ardent désir et la ferme volonté d'aboutir.

« M. Ribot, qui n'avait pas besoin de ce règlement, a convoqué tous ses collègues du Conseil général du Pas-de-Calais à une réunion tenue sous la présidence de M. Jonnart et qui a eu le plus grand retentissement. Il a expliqué quelles étaient les conséquences de la loi, et de cette réunion est sortie la constitution d'une Caisse régionale qui sera prête à fonctionner dans quelques mois.

« En y réfléchissant, on comprend que le département de la Gironde ne pouvait avoir ici le premier rang, puisque l'auteur de la loi, M. Ribot, représente au Parlement le Pas-de-Calais. Il y a aussi une autre raison : c'est que, dans le Pas-de-Calais, la parole des œuvres sociales a été depuis quelques années aussi bien enten-

— 15 —

due qu'elle a été bien portée. Vous savez que le préfet de ce département était récemment encore M. Duréault ; que, par conséquent, quand on y parlait de questions de cet ordre, on était sûr de réussir, comme nous réussirons ici. Je suis particulièrement heureux, profitant de l'occasion qui m'est offerte aujourd'hui, de rendre hommage à M. Duréault en rappelant le beau nom que lui a donné M. Mabilleau, de « préfet social de la République ». *(Applaudissements.)*

« J'ai terminé, Messieurs. J'ai essayé de vous présenter les choses le plus simplement possible. M. Ribot a pu mettre à la disposition de sa thèse et de la campagne qu'il a soutenue cette éloquence admirable, saisissante, que tout le monde s'accorde à reconnaître ; il a pu rappeler, en ce qui concerne la petite maison de famille, les paroles de Jules Simon qui sont pour ainsi dire la raison d'être, la justification de notre œuvre : c'est que *le logement hideux est le pourvoyeur du cabaret ;* la parole de Hayem : *la tuberculose se prend sur le zinc ;* le proverbe arabe : *là où le soleil pénètre, le médecin n'entre pas ;* enfin, celles prises comme épigraphe par une de nos œuvres : *de toutes les fleurs, c'est la fleur humaine qui a le plus besoin de soleil. (Marques nombreuses d'approbation.)*

« L'œuvre à laquelle le Comité de patronage des Habitations à bon marché et de la Prévoyance sociale, d'accord avec la Société bordelaise des Habitations à bon marché, vous convie est une œuvre qui peut réunir dans un effort commun tous les bons citoyens à quelque parti politique qu'ils appartiennent. Elle aura pour résultat, j'en suis convaincu, de pouvoir être considérée comme une des meilleures campagnes contre l'alcoolisme et la tuberculose ; ce sera, en outre, un moyen de constituer, à la campagne comme à la ville, un foyer, ce foyer auquel je faisais allusion tout à l'heure, qui fait entrer dans la société plus d'hygiène et plus de morale. Pour moi, je crois que les paroles de Jules Simon que je vous demande la permission de prononcer en terminant, seront toujours vraies : *Là où il y aura de la morale, la famille grandira et se fortifiera ; car là où il n'y a pas de morale, il n'y a pas de famille et là où il n'y a pas de famille, il n'y a pas de patrie !* » *(Longs applaudissements.)*

Discours de M. Monis.

« Messieurs,

« Je suis certainement votre fidèle interprète en exprimant notre commune gratitude à l'éminent philanthrope qui vient de faire entendre de si nobles conseils.

« Nous le remercions de nous avoir montré l'importance sociale de la loi du 10 avril 1908 ; de nous avoir conviés à poursuivre son application pour assurer ses bienfaits à notre département, où M. Cazalet a ouvert de fructueux sillons, déjà chargés de l'opulente moisson de ses œuvres humanitaires.

« Il n'était pas possible de proposer à vos méditations un plus beau sujet que celui qui vient d'être traité avec tant d'éloquence et d'autorité.

« J'en suis convaincu, vos efforts vont tendre à grouper, sans retard, autour des pionniers de l'œuvre, autour de la Société bordelaise des Habitations à bon marché, toutes les bonnes volontés girondines.

« Si utile que soit la loi du 10 avril 1908, elle ne profitera, à notre grand regret, qu'à quelques-uns de nos concitoyens.

« Ce n'est pas une critique que je lui adresse.

« La difficulté de mettre en œuvre les idées qui l'ont inspirée est telle, que l'on comprend aisément pourquoi l'on est, en pareille matière, obligé, dès l'abord, de restreindre le cadre de l'action, d'en limiter le champ, pour être sûr de la conduire au succès par un maximum de puissance.

« Nous ne pouvons pas pourtant, dans notre recherche du bien, nous abstraire des questions poignantes qui entourent la maison du pauvre.

« M. Cazalet vient de vous montrer comment est née la maison ouvrière à bon marché ; comment va s'établir demain, sous la même protection des lois, la petite maison de l'ouvrier agricole, du campagnard, entourée d'un jardin ou d'un champ d'un hectare.

« Regardez d'un autre côté ; je vais vous faire voir l'incohérente imprévoyance de notre société.

« Dans le même temps où elle s'efforce de créer ces abris si justement chers à la sollicitude, notre société fait, d'autre part, une œuvre détestable, et cruellement antinomique. Par le simple jeu de ses lois de procédure, elle détruit, chaque année, par milliers, d'autres maisons de famille, péniblement édifiées par le pauvre, au moyen de ses seules et maigres ressources, et sans aucun secours.

« Nous avons inscrit dans nos lois la protection des nids.

« Mais la maison, n'est ce pas quelque chose comme le nid humain ?

« C'est en réalité beaucoup plus.

« Si charmant qu'il soit, le nid, c'est la frêle protection d'amours fugitives prodiguant la vie éphémère, pour le seul maintien de l'espèce, à d'innombrables individus, oublieux de tout lien.

« Quelques jours après sa naissance, l'oiselet vient au bord du nid, inconscient de sa force et curieux de l'espace ; et, tout à coup, suivant l'expression du poète, « le vent passe, il le suit. » Il a fait la découverte de ses ailes et commencé, pour ne plus l'interrompre, la vagabonde recherche d'un climat heureux.

« En la comparant au nid, si gracieuse que soit l'image évoquée, c'est à la maison que j'ai fait tort, car l'abri de la famille est d'une autre importance.

« Ce n'est pas de passagères amours qu'elle protège, mais bien l'union de deux existences associées pour la vie ; sous ce toit l'enfant naît ; il grandit lentement, et avant d'acquérir la plénitude de sa force virile, il y reçoit, chaque jour, l'éducation de son cœur et de son esprit ; plus tard, sa destinée de labeur accomplie, il y trouvera l'asile de sa vieillesse.

« Quand, à la campagne, au retour d'une chasse peu meurtrière, du haut du coteau, je découvre le village, assis au fond du vallon, dans la sérénité du soir, je m'arrête à contempler les filets de fumées exhalés par toutes les chaumières ; ils disent éloquemment l'abri de la famille. De chaque toit, l'encens pâle et bleuâtre s'élève en colonne, puis se dissipe en l'or glorieux du ciel ; il annonce que des mains fidèles, après la fatigue du jour, préparent le repas commun où vont se refaire les forces dépensées pour suffire à la peine quotidienne. Près du foyer que la vertu allume, le vieillard réchauffe ses derniers ans et l'enfant s'éveille à la vie et, dans l'ombre de la vieille demeure, sous les reflets rougeoyants de la flamme, l'un se penche vers l'autre et lui transmet ce qui lui fut dit, autrefois, près de la même pierre, sous le même chaume, par son ancêtre, quand il était lui-même un tout petit enfant.

« Ainsi se forme la tradition, perpétuelle communion de ce qui a été, de ce qui est, de ce qui sera.

« C'est là que l'humanité naît, vit, meurt et renaît.

« C'est là que la race se perpétue. *(Applaudissements répétés.)*

« Je veux vous montrer la société détruisant cet abri dans des

conditions odieuses, avec une régularité que rien n'arrête, par l'automatisme absolu de ses lois de procédure.

« Nous avons les comptes statistiques de la justice civile depuis 1836. Vous y trouverez que chaque année on jette en pâture aux enchères des tribunaux un millier d'habitations d'une valeur de 5 à 600 francs. Ces habitations appartiennent à des pauvres, souvent à des mineurs que l'on prétend protéger en ordonnant la licitation de leurs biens. La vente opérée, les frais payés, il ne revient rien aux malheureux propriétaires, pas plus qu'au poursuivant, s'il s'agit d'une créance à recouvrer. Il y a eu destruction du patrimoine sans profit même pour le créancier.

A mon entrée au Ministère de la Justice, les frais de vente de ces petits immeubles atteignaient 136 % de leur valeur. J'ai pris toutes les mesures que pouvaient me suggérer la pratique de ces choses et mon vif désir de les améliorer ; et je suis heureux de signaler ici en passant que, les premiers, les magistrats de la Cour de Bordeaux m'ont aidé dans ma tâche ; ils se sont attelés avec un zèle très grand à l'œuvre que je voulais poursuivre, et nous sommes arrivés à baisser à 92 % les frais de justice. De sorte qu'une petite maison de 500 francs, vendue au Tribunal, laissait à son propriétaire un reliquat de deux louis tout le reste étant absorbé par les frais de vente.

« Je ne puis ni m'enorgueillir ni me contenter de ce résultat. J'ai voulu mieux faire.

« Dans le projet de réforme des taxes que j'avais étudié, je laissais aux avoués et aux gens de justice la rémunération qui leur était due pour la vente d'immeubles dont le prix était supérieur à un certain chiffre ; mais je leur imposais l'obligation de faire gratuitement les ventes sur licitation ou saisie des immeubles d'une valeur inférieure à 1,000 francs.

« La réforme des frais de justice offrait au moins cet avantage.

« Elle a été détruite par mon successeur sur les indications hâtives de la Chambre des députés.

« Nos tribunaux continuent à détruire sans profit, sauf pour le fisc et les officiers ministériels, — et régulièrement, mille habitations, chaque année.

« Cet abus est-il consacré à perpétuité ?

« Le Code lui-même a de singulières lacunes, par exemple dans le chapitre du bail à loyer des maisons.

« Il n'y est pas traité de la salubrité de l'immeuble loué.

« Aussi bien le seul fait d'entrer dans la maison est une présomption définitive de son bon état.

« Mais elle peut être en bon état tout en étant dangereuse à habiter.

« Si vous entrez de bonne foi dans une pareille maison, bientôt un des êtres qui vous sont chers tombe malade ; aux premières atteintes du mal le médecin vous en révèle l'origine : « La maison louée est insalubre, meurtrière ; elle assassine lentement ; il faut en sortir, la santé, la vie est à ce prix. » Hélas ! vous êtes prisonnier de votre contrat de louage. Le Code n'a pas stipulé que la première obligation du propriétaire, celle qui domine tout le contrat et constitue sa raison d'être, c'est de fournir au locataire, en échange du loyer, une maison salubre qui garantisse à chaque jour du contrat, jusqu'au dernier, la santé de chacun des membres de la famille.

« Voilà des réformes auxquelles il faut s'attacher.

« Si je les indique à vos esprits, ce n'est pas pour vous faire perdre de vue le sujet traité si éloquemment et avec tant de sens pratique par M. Cazalet, c'est pour attirer vos cœurs et vos pensées vers cette maison qui, riche ou pauvre, est la base de la société.

« Dans l'ordre civil, nous considérons, d'une manière abstraite, le pays comme une agglomération dont l'individu constitue l'unité politique.

« L'individu isolé est un être incomplet et stérile.

« Dans l'ordre social et en réalité, l'unité c'est la famille, où l'amour crée la vie, perpétue l'espèce et fonde la nation. ·

« Il ne faut pas étudier la maison sans contempler la famille ; c'est le seul moyen d'embrasser le grand et beau problème dans son entier.

« Je remercie M. Cazalet, au nom du Conseil général, au nom de tous les auditeurs, des bonnes notions qu'il vient de nous donner ; il peut être assuré que nous le suivrons dans la recherche des solutions que comporte le problème que j'aurais voulu vous montrer dans toute son ampleur. » *(Applaudissements prolongés.)*

Discussion et Constitution du Comité.

M. Cazalet. — Il faut que quelque chose de pratique résulte de cette réunion, étant donné que nous voulons arriver à la constitution d'une Société régionale de crédit immobilier.

Il nous a semblé que le meilleur moyen d'obtenir ce résultat était de créer ici un Comité provisoire dans lequel pourraient entrer, avec les membres du Comité de patronage des Habitations à bon marché et de la Prévoyance sociale, des délégués du Conseil général représentant les divers arrondissements de la Gironde, des Conseils d'arrondissement, de la Municipalité, de la Chambre de commerce de Bordeaux, de la Caisse d'épargne, de la Commission des hospices, de l'Alliance d'hygiène sociale, etc.

Ce Comité provisoire constitué, je propose qu'il se réunisse, sous la présidence de M. Monis, le jour et à l'heure dont nous conviendrons avec lui. Lorsque le règlement d'administration publique aura été publié en brochure, chacun de nous pourra étudier à tête reposée le mécanisme de la loi nouvelle, et le Comité provisoire remplira sa mission qui est de constituer la Caisse régionale de crédit immobilier chargée de l'application dans ses détails de la loi du 10 avril 1908.

M. Marot. — Je propose au Conseil général de choisir dès maintenant les membres chargés de le représenter au sein de ce Comité.

Indépendamment des parlementaires de la Gironde, qui en feraient partie de droit, nous pourrions désigner deux conseillers généraux par arrondissement.

Cette proposition est adoptée et le Bureau est chargé de constituer un Comité définitif.

Le Conseil général nomme pour faire partie de sa délégation :

MM. Monis, Courrègelongue et Thounens, sénateurs ; Cazeaux-Cazalet, Cazauvieilh, de La Trémoïlle et Chaigne, députés ;

MM. Jullidière et Borderie (arrondissement de La Réole) ;

MM. Lataste et Barreau (arrondissement de Libourne) ;

MM. Lahens et Lenourichel (arrondissement de Lesparre) ;

MM. Page et Doussin (arrondissement de Blaye). ;

MM. Callen et Fabre (arrondissement de Bazas).

M. le Président. — Nous vous proposons, Messieurs, d'envoyer une dépêche à M. Ribot.

Cette proposition est adoptée par acclamation.

La séance est levée à 3 heures.

Texte de la dépêche adressée à M. Ribot.

« Les membres de la réunion tenue salle Conseil général Gironde, afin de mettre en application la loi du 10 avril 1908, tiennent envoyer à l'inspirateur de cette excellente loi sociale leurs sentiments reconnaissants et confiants.

« Monis, président Conseil général ; Duréault, préfet ; Cazalet, président Comité patronage. »

Réponse de M. Ribot.

« Duréault, préfet, Bordeaux.

« Je reçois à Saint-Omer télégramme dont je suis vivement touché. Veuillez exprimer mes sincères remerciements à sénateur Monis et président Cazalet. Souvenirs affectueux.

« Ribot. »

**

Lettre adressée aux Présidents des divers groupements appelés à prendre part aux travaux du Comité provisoire.

Bordeaux, le 20 septembre 1908.

Monsieur le Président de ...

Monsieur le Président,

La loi du 10 avril 1908 (loi Ribot) a pour objet, vous le savez, de rendre plus facile, surtout pour les ouvriers agricoles, l'acquisition d'un champ ou la construction d'une petite maison.

Dès la publication du règlement d'administration publique au *Journal Officiel* (n° du 26 août), le Comité de patronage de la Gironde des Habitations à bon marché et de la Prévoyance sociale a pris l'initiative d'une réunion à l'effet de provoquer la constitution de la Société régionale de crédit immobilier imposée par la loi.

Les membres de cette réunion ont été unanimes à penser qu'il vous serait agréable de participer vous-même, avec un de vos collègues, aux travaux de la Commission provisoire qui a été nommée, et nous avons l'honneur, en conséquence, de vous demander si, comme nous l'espérons, nous pouvons compter sur votre double acceptation.

Des concours comme les vôtres seraient particulièrement précieux à la Commission, au nom de laquelle nous vous présentons, Monsieur le Président, l'assurance de nos sentiments les plus distingués.

Le Président de la Commission,
Monis,
Sénateur, président du Conseil général.

Le Président du Comité
de patronage des Habitations à bon marché
et de la Prévoyance sociale,
Charles Cazalet.

<hr>

LOI RIBOT

COMITÉ PROVISOIRE

Président, M. le sénateur Monis, président du Conseil général de la Gironde.

Membre de droit :

M. Duréault, préfet de la Gironde.

Comité de patronage.

MM. Charles Cazalet.
Professeur Lande.
Ch. Gruet.
Anselme Léon.
Cayrel.
Clavel.
Grandjean.
Albert Touzin.
Marot, conseiller général de l'arrondissement de Bordeaux.

MM. Veyssières, conseiller général de l'arrondissement de
    Bordeaux.
Dupeux, conseiller général de l'arrondissement de
    Bordeaux.
de Lur-Saluces, conseiller général de l'arrondissement
    de Bordeaux.

Léon Renaud, secrétaire administratif.
Derco, secrétaire administratif adjoint.

Société des Habitations et des Bains-Douches à bon marché
et des Jardins ouvriers.

MM. Hausser.
    Cahen.
    Jules Larrue.
    Sénateur Decrais.
    Professeur Pitres.
    Emile Laparra.
    Edouard Mayaudon.
    Victor Hounau.
    Albert Dormoy.
    Alphonse Trial.
    Julien Bouchard.
    Benjamin Cazalet.
    Henri Rödel.
    Docteur Monod.
    Docteur Cadenaule.
    Docteur Layet.
    Ch. de Luze.
    Léon Lesca.
    Jules Forsans.
    Edouard Faure.
    Emmanuel Faure.
    Henri Cruse.
    Paul Forsans.
    Abel Jay.
    Georges Manhes.
    W. Mestrezat.
    Tournon.
    Geo. Chassagne.
    Catros-Gérand.
    Ravoux.

Parlementaires conseillers généraux.

MM. Courrègelongue, sénateur.
    Thounens, sénateur.
    Cazeaux-Cazalet, député.
    Cazauvieilh, député.
    de la Tremoïlle, député.
    Chaigne, député.

Parlementaires.

MM. Obissier-Saint-Martin, sénateur.
    Chaumet, député.
    Jourde, député.
    Ballande, député.
    Chastenet, député.
    Combrouze, député.
    Pierre Dupuy, député.
    Constant, député.

Conseillers généraux.

MM. Jullidière et Borderie.
    Lataste et Barreau.
    Lahens et Lenourichel.
    Page et Doussin.
    Callen et Fabre.

Mairie de Bordeaux.

MM. X...

Chambre de commerce.

MM. Besse, président.
    Labadie, membre.

Union des Syndicats girondins.

MM. Etienne Huyard, président.
    Lamarthonie, secrétaire général.

Conseillers d'arrondissement.

MM. Ponty, président.
    Bord, membre.

Caisse d'Epargne de Bordeaux.

MM. Paul SENS, vice-président.
    X...

Bureau de bienfaisance de Bordeaux.

MM. Fernand SAMAZEUILH.
    Georges BOUBÈS.

Administration des Hospices de Bordeaux.

M. PRELLER.

Mont-de-Piété de Bordeaux.

MM. Charles GADEN, président.
    SAINT-GERMAIN, membre.

Société d'agriculture.

MM. X...
    X...

Alliance d'Hygiène sociale.

MM. le professeur doyen PITRES.
    X...

Education sociale.

M. le docteur SIGALAS.

Groupe républicain d'Etudes sociales de la Gironde.

MM. Jean CAZAUX, président.
    Docteur MALLET, membre.

Conseil juridique.

MM. BERTIN.
    Geo. FORSANS.
    CHAMBARIÈRE.
    MIMOSO.
    AUGER.

Caisses d'Epargne du département.

Libourne :

MM. X...
    X...

Blaye :

MM. X...
    X...

La Réole :

MM. G. PERREIN, président.
    X...

Bazas :

MM. X...
    X...

Pauillac :

MM. X...
    X...

Lesparre :

MM. X...
    X...

Bourg :

MM. X...
    X...

Langon :

MM. X...
    X...

Saint-Savin :

MM. X...
    X...

Loi du 10 avril 1908,
relative à la petite propriété et aux maisons
à bon marché.

ARTICLE PREMIER. — Tous les avantages prévus par la loi du 12 avril 1906 pour les maisons à bon marché, sauf l'exemption temporaire d'impôt foncier, s'appliquent aux jardins ou champs n'excédant pas un hectare.

Les terrains visés au paragraphe précédent bénéficient, en outre, des avantages prévus aux articles ci-après, pourvu :

1° Que la valeur locative réelle du logement de l'acquéreur n'excède pas, au moment de l'acquisition, les deux tiers du chiffre fixé pour la commune, par la Commission instituée en vertu de l'article 5 de la loi précitée ;

2° Que le prix d'acquisition, y compris les charges, ne dépasse pas douze cents francs (1,200 fr.) ;

3° Que l'acquéreur s'engage, vis-à-vis de la Société qui lui aura consenti un prêt hypothécaire dans les conditions indiquées à l'article 2 de la présente loi, à cultiver lui-même ce terrain ou à le faire cultiver par les membres de sa famille.

Si l'acquéreur est déjà, au moment de l'acquisition, propriétaire d'un terrain bâti ou non bâti, la contenance et la valeur de ce terrain viennent en déduction des chiffres fixés aux paragraphes précédents.

ART. 2. — Des prêts au taux de 2 % peuvent être consentis par l'État aux Sociétés régionales de crédit immobilier qui ont pour objet :

1° De consentir aux emprunteurs remplissant les conditions prévues par la présente loi des prêts hypothécaires individuels, destinés soit à l'acquisition de champs ou jardins dans les termes indiqués à l'article premier, soit à l'acquisition ou à la construction de maisons individuelles à bon marché ;

2° De faire des avances aux Sociétés d'habitations à bon marché, constituées selon la loi du 12 avril 1906, pour celles de leurs opérations effectuées en conformité du paragraphe précédent.

Art. 3. — Chacun des emprunteurs visés à l'article 2 doit remplir les conditions suivantes :

1° Posséder, au moment de la conclusion du prêt hypothécaire, le cinquième au moins du prix du terrain ou de la maison ;

2° Passer avec la Caisse nationale d'assurance en cas de décès un contrat à prime unique garantissant le paiement des annuités qui resteraient à échoir au moment de sa mort, le montant de cette prime pouvant être incorporé au prêt hypothécaire ;

3° Être muni d'un certificat administratif constatant qu'il a été satisfait aux conditions imposées, soit par l'article 1er de la présente loi s'il s'agit de l'acquisition d'un champ ou jardin, soit par l'article 5 de la loi du 12 avril 1906 s'il s'agit de l'acquisition ou de la construction d'une maison individuelle ; dans ce dernier cas, l'emprunteur doit également obtenir, avant la conclusion du prêt, le certificat de salubrité prévu à l'article 5 de la loi de 1906 précitée.

Art. 4. — Pour obtenir des prêts de l'Etat, les Sociétés régionales de crédit immobilier devront se constituer sous la forme anonyme et au capital de deux cent mille francs (200,000 fr.).

Les actions ne pourront être libérées de plus de moitié, à moins d'autorisation spéciale donnée par décret, sur la proposition du ministre des Finances et du ministre du Travail et de la Prévoyance sociale, après avis du Conseil supérieur des habitations à bon marché.

Le dividende annuel à servir aux actionnaires ne devra pas dépasser 4 %.

Les sommes restant dues par une Société ne pourront dépasser le chiffre obtenu en ajoutant au quadruple de la partie versée le montant de la partie non appelée.

Art. 5. — Les Sociétés locales de crédit immobilier qui rempliront les conditions requises aux articles 2 et 4 pourront bénéficier des dispositions de la présente loi.

Art. 6. — Le total des avances que pourra faire l'Etat aux Sociétés de crédit immobilier, dans les conditions de la présente loi, est fixé à cent millions de francs (100 millions).

Le ministre des Finances est autorisé à se procurer les fonds nécessaires, dans les limites d'un crédit ouvert chaque année par la loi des finances, au moyen d'avances qui pourront être faites au Trésor par la Caisse nationale des retraites pour la vieillesse. Ces avances seront représentées par des titres d'annuités dont les intérêts seront réglés trimestriellement, au taux fixé pour le tarif de ladite Caisse, conformément à l'article 12 de la loi du 20 juillet 1886, et en vigueur au moment de la réalisation de chaque avance.

Les prêts aux Sociétés sont effectués, pour le compte de l'Etat, par la Caisse nationale des retraites, sur la désignation d'une Commission spéciale instituée auprès du Ministère du Travail par l'article 8 de la présente loi. Les frais d'administration afférents à ce service sont remboursés chaque année à la Caisse nationale.

Art. 7. — Les remboursements à effectuer par les Sociétés sont passibles d'intérêt de retard calculés au taux de 4 %, à partir de leur échéance, s'ils n'ont pas été opérés dans le mois de cette échéance.

Le recouvrement des sommes non remboursées dans un délai de trois mois et des intérêts de retard y relatifs est poursuivi par l'agent judiciaire du Trésor.

Art. 8. — La Commission d'attribution des prêts est nommée par décret sur la proposition du ministre du Travail et de la Prévoyance sociale pour une durée de cinq ans ; elle est composée de seize membres, ainsi qu'il suit :

Le ministre du Travail, président ;

Deux sénateurs ;

Deux députés ;

Un membre du Conseil d'Etat ;

Un membre de la Cour des comptes ;

Deux fonctionnaires du Ministère des Finances ;

Le directeur général de la Caisse des dépôts et consignations ou son délégué ;

Le directeur de l'assurance et de la prévoyance sociales ou son délégué ;

Le directeur de l'hydraulique et des améliorations agricoles ou son délégué ;

Deux représentants des Société régionales de crédit immobilier ;

Deux membres du Conseil supérieur des habitations à bon marché ; ·

Le décret désigne le vice-président de la Commission, ainsi qu'un chef ou sous-chef de bureau du Ministère du Travail et de la Prévoyance sociale qui remplit les fonctions de secrétaire.

Art. 9. — En ce qui concerne les contrats d'assurance temporaire que les emprunteurs hypothécaires doivent passer avec la Caisse nationale d'assurance en cas de décès, conformément à l'article 3 de la présente loi, le proposant sera soumis à la visite du médecin désigné par elle.

Toutefois, il en sera dispensé lorsqu'il aura, deux ans au moins avant l'acquisition de la maison, du champ ou du jardin, formé une demande d'assurance et opéré à la Caisse nationale un versement égal à 1 % du capital à garantir, sans que la somme versée puisse être inférieure à 10 francs. La souscription de la police devra être effectuée dans un délai d'une année après l'expiration de la période de deux ans visée ci-dessus, et la somme versée viendra en déduction de la prime unique. Si la police n'est pas souscrite dans le délai fixé, le versement restera acquis à la Caisse nationale.

Art. 10. — Un règlement d'administration publique, rendu sur la proposition du ministre du Travail et du ministre des Finances, déterminera toutes les mesures propres à assurer l'application des dispositions qui précèdent, et notamment :

1° Les clauses que devront contenir les statuts des Sociétés de crédit immobilier pour que ces Sociétés puissent recevoir, après avis du Conseil supérieur des habitations à bon marché, l'approbation du ministre du Travail, en vue de bénéficier des faveurs accordées par la présente loi et par celle du 12 avril 1906, ainsi que les conditions dans lesquelles serait retirée cette approbation aux Sociétés qui ne se conformeraient pas à la présente loi ;

2° Le mode et le délai d'établissement du certificat administratif visé à l'article 3 ;

3° Les conditions dans lesquelles la Caisse d'assurance en cas de décès effectuera les opérations d'assurance visées aux articles 3 et 9 ;

4° Les dispositions qui devront être insérées dans les contrats passés entre la Caisse nationale des retraites opérant pour le compte de l'Etat et les Sociétés de crédit immobilier, en vue d'assurer l'exécution de la présente loi.

Art. 11. — Les opérations effectuées par les Caisses d'épargne, en exécution de l'article 10 de la loi du 20 juillet 1895 et de l'article 16 de la loi du 12 avril 1906, pourront être faites au taux réduit de 2 %, lorsqu'elles seront faites au profit de personnes remplissant les conditions requises par l'article 3 de la présente loi.

Art. 12. — La présente loi est applicable à l'Algérie. '

Règlement d'administration publique
de la Loi du 10 Avril 1908.

Le Président de la République française,

Sur le rapport du ministre du Travail et de la Prévoyance sociale et du ministre des Finances ;

Vu la loi du 12 avril 1906, modifiant et complétant la loi du 30 novembre 1894 sur les habitations à bon marché ;

Vu le décret du 10 janvier 1907, portant règlement d'administration publique pour l'exécution de la loi susvisée ;

Vu la loi du 10 avril 1908, relative à la petite propriété et aux maisons à bon marché, notamment l'article 10 ainsi conçu : « Un règlement d'administration publique, rendu sur la proposition du ministre du Travail et du ministre des Finances, déterminera toutes les mesures propres à assurer l'application des dispositions qui précèdent, et notamment :

« 1° Les clauses que devront contenir les statuts des Sociétés de crédit immobilier pour que ces Sociétés puissent recevoir, après avis du Conseil supérieur des Habitations à bon marché, l'approbation du ministre du Travail en vue de bénéficier des faveurs accordées par la présente loi et par celle du 12 avril 1906, ainsi que les conditions dans lesquelles serait retirée cette approbation aux Sociétés qui ne se conformeraient pas à la présente loi ;

« 2° Le mode et le délai d'établissement du certificat administratif visé à l'article 3 ;

« 3° Les conditions dans lesquelles la Caisse d'assurance en cas de décès effectuera les opérations d'assurance visées aux articles 3 et 9 ;

« 4° Les dispositions qui devront être insérées dans les contrats passés entre la Caisse nationale des retraites opérées pour le compte de l'Etat et les Sociétés de crédit immobilier en vue d'assurer l'exécution de la présente loi » ;

Vu l'avis du Conseil supérieur des Habitations à bon marché ;

Le Conseil d'Etat entendu,

Décrète :

TITRE PREMIER

CONSTITUTION ET FONCTIONNEMENT DES SOCIÉTÉS DE CRÉDIT IMMOBILIER

Article premier. — Les Sociétés de crédit immobilier doivent, pour bénéficier des dispositions des lois du 12 avril 1906 et du 10 avril 1908, obtenir l'approbation préalable du ministre du Travail et de la Prévoyance sociale.

Cette approbation est accordée, après avis du ministre des Finances, aux Sociétés définitivement constituées justifiant par la production de leurs statuts :

1° Qu'elles sont constituées sous la forme anonyme, telle qu'elle est définie au titre II de la loi du 24 juillet 1867, modifiée par la loi du 1er août 1893, et que leur capital social n'est pas inférieur à 200,000 francs ;

2° Qu'elles ont pour objet de consentir aux emprunteurs remplissant les conditions prévues par la loi du 10 avril 1908 (art. 3) des prêts hypothécaires individuels destinés, soit à l'acquisition de champs ou jardins dans les termes de ladite loi, soit à l'acquisition ou à la construction de maisons individuelles à bon marché, et de faire des avances aux Sociétés d'Habitations à bon marché constituées selon la loi du 12 avril 1906 pour celles de leurs opérations effectuées en conformité du paragraphe premier de l'article 2 de la loi du 10 avril 1908 ;

3° Que le taux des prêts ne peut excéder 3 $\frac{1}{2}$ % pour les prêts directs aux particuliers et 3 % pour les avances aux Sociétés d'Habitations à bon marché ;

4° Que le dividende annuel à servir aux actionnaires ne dépassera pas 4 % ;

5° Que les actions ne pourront être libérées de plus de moitié à moins d'autorisation spéciale dans les conditions prévues à l'article 4 de la loi du 10 avril 1908.

Art. 2. — Les Sociétés de crédit immobilier ne peuvent, en dehors des opérations prévues à l'article 2 de la loi du 10 avril 1908, effectuer que des placements en rentes sur l'Etat ou en valeurs garanties par l'Etat.

Leurs fonds disponibles, sauf l'encaisse nécessaire pour les besoins courants, sont déposés à la Caisse des dépôts et consignations ou dans une Caisse d'épargne.

Elles sont tenues de soumettre à l'approbation ministérielle toutes modifications qui seraient apportées aux statuts primitifs.

Elles doivent adresser au ministre du Travail et de la Prévoyance

sociale, avant le 31 mars de chaque année, le compte rendu de
l'Assemblée générale approuvant les comptes de l'année précédente, accompagné du bilan.

Art. 3. — Lorsqu'une Société de crédit immobilier enfreint les
prescriptions de la loi du 10 avril 1908 ou du présent décret, elle
est mise en demeure de fournir, dans le délai d'un mois, et par
écrit, ses observations sur les irrégularités relevées contre elle.
Passé ce délai, et faute de justifications suffisantes, l'approbation peut lui être retirée par arrêté pris de concert par le ministre
du Travail et de la Prévoyance sociale et le ministre des Finances,
après avis du Conseil supérieur des habitations à bon marché.

TITRE II

MODE ET DÉLAI D'ÉTABLISSEMENT DES CERTIFICATS ADMINISTRATIFS

Art. 4. — Les certificats administratifs prévus par l'article 3 de
la loi du 10 avril 1901 sont délivrés par les préfets, après avis des
Comité de patronage des Habitations à bon marché et de la Prévoyance sociale.

Dans les huit jours de la réception de la demande, le préfet en
saisit le Comité de patronage. Il y joint une note de l'Administration des Contributions directes attestant :

a) S'il s'agit d'un acquéreur de champ ou jardin, que la valeur
locative réelle du logement de l'acquéreur, calculée conformément
au paragraphe 5 de l'article 5 de la loi du 12 avril 1906 n'excède
pas, au moment de l'acquisition, les deux tiers du chiffre fixé
pour la commune par la Commission instituée en vertu du paragraphe premier dudit article 5 ;

b) S'il s'agit d'un acquéreur de maison à bon marché, que la
valeur locative, calculée à 5,56 % du prix de revient réel de l'immeuble, ne dépasse pas les limites prévues par l'article 5 de la loi
du 12 avril 1906.

Un délai de deux mois est imparti au Comité de patronage pour
formuler son avis. S'il néglige ou refuse de le formuler, le délai
expiré, il est passé outre par le préfet.

TITRE III

DISPOSITIONS RELATIVES AUX ASSURANCES

Art. 5. — Les assurances prévues aux articles 3 et 9 de la loi
du 10 avril 1908 sont soumises aux dispositions du titre III du
décret du 10 janvier 1907, rendu par application de l'article 15 de

la loi du 12 avril 1900, et aux dispositions spéciales énumérées ci-après.

Art. 6. — Sauf le cas prévu au paragraphe 2 de l'article 9 de la loi du 10 avril 1908, toute personne désirant obtenir d'une Société de crédit immobilier ou d'une Société d'Habitations à bon marché un prêt hypothécaire, dans les conditions de la loi du 10 avril 1908, adresse au directeur général de la Caisse des dépôts et consignations, par l'entremise de la Société qui est appelée à consentir le prêt, une demande tendant à subir la visite médicale prévue au paragraphe premier de l'article 9 de ladite loi.

Art. 7. — Cette demande contient le nom, l'adresse et la date de naissance du demandeur, ainsi que l'engagement par celui-ci de répondre aux questions qui lui sont posées par le médecin, de se soumettre à son examen et d'acquitter les frais de cet examen.

Art. 8. — Après réception du rapport médical, le directeur général décide s'il y a lieu d'accepter l'assurance ou de la refuser. Dans le premier cas, il adresse à l'intéressé un avis d'acceptation du risque, valable pendant trois mois ; dans le second cas, il l'avise du refus qui ne doit jamais être motivé.

Art. 9. — En cas d'acceptation du risque, la Société prêteuse fait souscrire à son profit par l'emprunteur une proposition d'assurance qu'elle adresse à la Caisse des dépôts avant l'expiration des trois mois qui suivent cette acceptation.

Art. 10. — Chaque proposition doit être accompagnée :

1° D'un extrait, sur papier libre, de l'acte de naissance du proposant ;

2° D'un extrait du contrat ou du projet de contrat de prêt hypothécaire mentionnant le montant du prêt, le taux, la durée et les conditions de remboursement ;

3° Du certificat administratif prévu à l'article 3 de la loi du 10 avril 1908, et, s'il s'agit de l'acquisition ou de la construction d'une maison individuelle, du certificat de salubrité prévu à l'article 5 de la loi du 12 avril 1906.

Art. 11. — Dans le cas prévu au paragraphe 2 de l'article 9 de la loi du 10 avril 1908, l'intéressé doit faire parvenir sa demande à la Caisse des dépôts directement ou par l'entremise, soit d'une Société de crédit immobilier ou d'une Société d'Habitations à bon marché, soit d'un Comité de patronage des Habitations à bon marché et de la Prévoyance sociale. Cette demande énonce les nom, prénoms, date de naissance, profession et domicile du demandeur, le montant probable de la somme à assurer et l'objet du prêt qui sera contracté ; elle contient l'engagement de verser en une seule fois, sur avis de la Caisse des dépôts, une somme égale à 1 % du capital à assurer, sans que cette somme puisse être inférieure à 10 francs et de produire au moment de la souscription de la police les pièces désignées à l'article 10 du présent décret.

ART. 12. — Après examen de la demande, le directeur général de la Caisse des dépôts avise, s'il y a lieu, l'intéressé qu'il lui sera délivré par la Caisse nationale d'assurance en cas de décès une promesse d'assurance. Cette promesse d'assurance lui est remise, au moment du versement, par le comptable désigné dans la demande primitive. Elle comporte l'engagement par la Caisse nationale de consentir au souscripteur une assurance dans les conditions prévues au paragraphe 2 de l'article 9 de la loi.

ART. 13. — Dans le cas où le montant de cette assurance serait supérieur de plus d'un cinquième au chiffre qui figure dans la promesse d'assurance, la souscription de la police ne pourrait s'effectuer qu'après examen médical, dans les conditions prévues aux articles 6 à 10 du présent décret.

TITRE IV

CONTRATS PASSÉS ENTRE LA CAISSE NATIONALE DES RETRAITES POUR LA VIEILLESSE ET LES SOCIÉTÉS DE CRÉDIT IMMOBILIER

ART. 14. — Les Sociétés de crédit immobilier désirant obtenir des prêts de l'Etat, dans les conditions prévues par la loi du 10 avril 1908, doivent faire parvenir leur demande au directeur général de la Caisse des dépôts et consignations avec les pièces ci-après :

1° Deux exemplaires certifiés des statuts de la Société portant mention de l'approbation ministérielle ;

2° La liste des membres du Conseil d'administration et des commissaires de surveillance, avec indication de leurs qualités et domiciles ;

3° La liste certifiée des souscripteurs, avec mention du nombre d'actions possédées et du capital versé par chacun d'eux ;

4° Les trois derniers bilans annuels appuyés du compte rendu des Assemblées générales qui les ont arrêtés ;

5° Un état détaillé des recettes et des dépenses depuis la date du dernier bilan produit ;

6° Une note sur le fonctionnement de la Société et l'exposé détaillé de sa situation financière.

Il pourra leur être réclamé, en outre, toutes justifications et tous renseignements qui seraient jugés nécessaires.

Art. 15. — Tout prêt consenti pour le compte de l'Etat par la Caisse nationale des retraites pour la vieillesse à une Société de crédit immobilier, conformément aux dispositions de la loi du 10 avril 1908, donne lieu à l'établissement d'un contrat qui, en plus des stipulations concernant le montant du prêt et les conditions de réalisation et d'amortissement, doit mentionner notamment les dispositions prévues aux articles 16 à 22 ci-après.

Art. 16. — Le versement des fonds a lieu en une ou plusieurs fois et sur justification d'emploi, dans un délai maximum d'un an à partir de la signature du contrat.

La fraction du prêt qui n'a pas été réalisée à l'expiration de ce délai est annulée.

Les versements prennent valeur du premier jour de la dizaine dans laquelle les fonds ont été mis à la disposition de la Société.

La durée de remboursement du prêt ne peut excéder vingt-cinq ans.

Art. 17. — Le total des sommes restant dues à une Société de crédit immobilier, tant par des débiteurs hypothécaires que par des Sociétés d'Habitations à bon marché, doit être au moins égal à l'ensemble des sommes restant à amortir sur les prêts consentis par l'Etat. S'il se trouve inférieur, la différence doit être versée à la Caisse nationale des retraites dans un délai d'un mois, pour être affectée à l'amortissement anticipé des emprunts réalisés auprès de ladite Caisse. Ces remboursements prennent valeur du premier jour de la dizaine qui suit celle pendant laquelle ils ont été effectués.

Pour toute avance consentie par une Société de crédit immobilier à une Société d'Habitations à bon marché, le contrat doit stipuler une règle de remboursement telle que le total de sommes restant dues à la Société d'Habitations à bon marché sur les prêts hypothécaires individuels qui ont fait l'objet de l'avance ne soit à aucun moment inférieur au solde restant dû sur cette avance à la Société de crédit immobilier.

Art. 18. — Les remboursements anticipés sont appliqués aux dernières annuités d'amortissement; toutefois, sur la demande de la Société, la Caisse nationale des retraites pour la vieillesse peut modifier l'amortissement de manière à répartir différemment les versements ainsi effectués.

Art. 19. — Pendant toute la durée du remboursement des prêts consentis par la Caisse nationale des retraites, les Sociétés de crédit immobilier ne peuvent emprunter sans l'autorisation préalable de ladite Caisse.

Art. 20. — La Société de crédit immobilier doit fournir à la Caisse nationale des retraites :

1° Avant le 15 février de chaque année un état donnant, au 31 décembre de l'année précédente, la situation détaillée des opérations de la Société, et notamment le reste dû en capital, sur chacun des prêts individuels consentis soit par la Société de crédit immobilier, soit par des Sociétés d'Habitations à bon marché au moyen d'avances faites par la Société de crédit immobilier ; l'état indique également le reste dû sur les avances consenties aux Sociétés d'Habitations à bon marché ;

2° Avant le 31 mars de chaque année, le compte rendu de l'Assemblée générale approuvant les comptes de l'année précédente accompagné du bilan ;

3° Dans le délai d'un mois, le compte rendu des Assemblées générales extraordinaires.

Elle doit fournir, en outre, à la Caisse nationale des retraites tous autres renseignements qui pourraient être demandés sur la situation financière de la Société.

ART. 21. — Le remboursement du capital restant dû devient de plein droit immédiatement exigible :

a) Sans mise en demeure préalable :

1° En cas de retrait de l'approbation ministérielle prononcé conformément à l'article 3 du présent décret ;

2° En cas de dissolution de la Société ;

3° En cas de violation des articles 17 et 19 du présent décret, sans préjudice du retrait de l'approbation prévu à l'article 3 ci-dessus ;

b) Un mois après simple mise en demeure par lettre recommandée :

1° A défaut de paiement des annuités dans un délai d'un an ;

2° En cas de non-production des justifications prévues au contrat de prêt.

ART. 22. — Le ministre du Travail et de la Prévoyance sociale et le ministre des Finances sont chargés, chacun en ce qui le concerne, de l'exécution du présent décret, qui sera inséré au *Bulletin* des lois et publié au *Journal officiel* de la République française.

Fait à Rambouillet, le 24 août 1908.

Par le Président de la République :

Le Ministre du Travail et de la Prévoyance sociale,
René VIVIANI.

Le Ministre des Colonies
chargé de l'intérim du Ministère des Finances,
MILLIÈS-LACROIX.

A. FALLIÈRES.

61211. — Bordeaux. — Imprimerie de l'*Avenir de la Mutualité*.

www.ingramcontent.com/pod-product-compliance
Lightning Source LLC
Chambersburg PA
CBHW071438200326
41520CB00014B/3743